SUCCESSION DE M. GANACHAUD

V

IMPORTANTE COLLECTION

MEUBLES ANCIENS

Objets d'Art

TABLEAUX

M. Paul FÈVRE	M. Arthur BLOCHE
COMMISSAIRE-PRISEUR	EXPERT PRÈS LA COUR D'APPEL
18, rue Lafayette, 18	51, rue Saint-Georges, 51
A NANTES	**A PARIS**

VENTE A NANTES

Du 19 au 24 Décembre 1904

GALERIES PRÉAUBERT

CATALOGUE

Importante Collection

DES

Meubles Anciens

ET DE STYLE

XVIe, XVIIe et XVIIIe siècles

Objets d'art et de curiosité

Argenterie ancienne. Bijoux.
Porcelaines. Faïences. Bronzes. Sculptures. Armes.
Beau Christ en ivoire.
Miniatures. Tableaux. Dessins. Gravures.

DÉPENDANT DE LA

SUCCESSION DE M. GANACHAUD

et dont la vente, par suite de son décès, aura lieu

A NANTES, Galeries PRÉAUBERT

Rue Lekain, les Lundi 19, Mardi 20, Mercredi 21,
Jeudi 22 Décembre 1904 et Jours suivants, à une heure

Me PAUL FÈVRE	M. ARTHUR BLOCHE
COMMISSAIRE-PRISEUR	EXPERT PRÈS LA COUR D'APPEL
18, Rue Lafayette, 18	*51, Rue Saint-Georges, 51*
A NANTES	**A PARIS**

EXPOSITION PUBLIQUE : Les Samedi 17 et Dimanche 18 Décembre 1904, de 9 h. du matin à midi et de 1 h. 1/2 à 5 heures du soir.

Conditions de la Vente

L'Exposition mettant le public à même de se rendre compte de l'état et de la nature des objets, il ne sera admis aucune réclamation une fois l'adjudication prononcée.

Il sera perçu *dix pour cent* en sus du prix d'adjudication.

Ordre des Vacations

Lundi 19. — Objets de vitrine, Argenterie, Faïences, Porcelaines, Meubles.

Mardi 20. — Bronzes, Fers, Armes, Meubles, Trumeaux, Glaces.

Mercredi 21. — Faïences, Porcelaines, Objets d'art et de vitrines, Meubles, Livres.

Jeudi 22. — Tableaux, Dessins, Gravures, Etoffes, Tapisseries, Meubles.

Vendredi et jours suivants. — La suite des Objets d'art et Meubles.

Nota. — M. Arthur BLOCHE, expert, recevra pendant le cours de la vente, toutes les commissions ou communications de MM. les Amateurs, à l'Hôtel de France, à Nantes.

DÉSIGNATION

MEUBLES

1 — Belle commode de forme bombée à trois rangées de tiroirs, en bois de violette, richement ornée de bronzes, rocailles fleuronnées, dessus en marbre rouge veiné. Epoque Louis XV. Signée. Bronzes attribués à Caffiéri.

2 — Belle commode à trois rangées de tiroirs, en marqueterie de bois de violette et de palissandre, forme ventrue, garnie de bronzes dorés, dessus en marbre brèche d'Alep. Epoque Louis XV.

3 — Jolie commode de forme ventrue, à trois rangées de tiroirs, en bois rose, garnie de bronzes, décor à rocailles et feuillages, dessus en marbre rouge brèche du Languedoc. Epoque Louis XV.

4 — Commode de forme légèrement cintrée, en bois de palissandre, à trois rangées de tiroirs, garnie de bronzes dorés, dessus en marbre rouge veiné blanc. Epoque Louis XV.

5 — Commode à trois rangées de tiroirs, en palissandre, côtés cannelés de cuivre, ornée de bronzes dorés à rocailles, dessus en marbre rouge du Languedoc. Epoque Louis XV.

6 — Petite commode en noyer et marqueterie de palissandre à filets de citronnier, avec poignées et entrées de serrures en bronze doré. Epoque fin Louis XIV.

7-8 — Deux petits meubles carrés ouvrant à une porte et à un tiroir, en bois rose et marqueterie de bois de luxe dessinant un médaillon ovale, des encadrements, une frise et montants à rosaces et feuillages. Epoque Louis XVI.

9 — Petit meuble forme commode, ouvrant à deux portes et à un tiroir, en bois de palissandre, garni de bronzes, à rocailles et consoles feuillagées, dessus en marbre. Epoque Louis XV.

10 — Pannetière hollandaise en marqueterie de bois de luxe, décor à branches de fleurs et de feuillages, côtés à corbeilles fleuries. XVIIIe siècle.

11 — Petit bureau à dos d'âne, en bois de palissandre, avec sabots et entrées de serrures en bronze, à rocailles. Epoque fin Louis XV.

12 — Petit coffre en bois de noyer, et tapisserie aux petits points, dessin de corbeilles de fleurs. Epoque Louis XV.

13 — Secrétaire en bois d'acajou, de forme architecturale, à battant à glace, garni de bronzes dorés, dessus en marbre. Epoque Premier Empire.

14 — Toilette duchesse en bois d'acajou, garnie de bronze. Epoque Premier Empire.

15 — Bureau de dame forme à contours, en palissandre, avec entrées de serrures en bronze doré, à groupes d'amours sur écussons et rocailles. Epoque Louis XV.

16 — Petite commode à trois rangées de tiroirs, en noyer, garnie de bronzes. Epoque Louis XV.

17 — Commode de même forme avec poignées et entrées de serrures en bronze doré, à rocailles et feuillages. Epoque Louis XV.

18 — Table à jeu en acajou, pieds carrés fuselés. Epoque Directoire.

19 — Commode à deux tiroirs, en bois de noyer richement sculpté, décor à rocailles et encadrements, poignées et entrées de serrures en cuivre. Epoque Louis XV.

20-21 — Deux encoignures, en bois de rose et palissandre, ouvrant à une porte. Epoque Louis XVI.

22 — Console en bois sculpté, peint et doré, dessin à rocailles feuillagées, dessus en marbre rosé, veiné gris et blanc. Style Louis XV.

23 — Jolie console, forme demi-lune, en bois sculpté et doré, à quatre pieds décorés de guirlandes de fleurs, bandeau ajouré à guirlandes de lauriers, dessus en marbre brèche d'Alep. Style Louis XVI.

24 — Console en bois sculpté et doré, sur quatre pieds, carquois, bandeau ajouré à fleurs et rinceaux, dessus en marbre brèche grenat de Sicile, à doucines suivant les contours de la console. Style Louis XVI.

25 — Console forme demi-lune, en bois sculpté et doré, posant sur deux pieds reliés par un entrejambes à brûle-parfums, bandeaux à rubans enroulés et perlés, ornée de guirlandes de fleurs attachées à des nœuds de rubans, dessus en marbre rosé brèche de Sardaigne. Style Louis XVI.

26 — Petite console demi-lune en bois sculpté et doré, posant sur quatre pieds avec entrejambe à vase de fleurs, dessus en marbre rosé de Sardaigne. Style Louis XVI.

27 — Petit meuble ouvrant à une porte et un tiroir, en bois laqué couleur sycomore avec ornements sculptés et cariatides de femmes teinte bronzée. Epoque Premier Empire. *Spécimen rare.*

28 — Commode à trois rangées de tiroirs, en bois de palissandre avec entrées de serrures en bronze, à

mascarons et ornements, dessus en marbre rouge veiné. XVIIIe siècle.

29 — Commode en bois d'acajou à trois rangées de tiroirs, montants cannelés, poignées en cuivre, dessus en marbre veiné blanc du Jura. Epoque fin Louis XVI.

30 — Grande glace bisautée, cintrée dans le haut, cadre en bois sculpté et doré, à coquilles, chutes de fleurs et dragons. Style Régence.

31 — Grande armoire à deux portes, en chêne sculpté, à pointes de diamants. Fin XVIIe siècle.

32 — Bureau de dame, dit Bonheur du Jour, en bois d'acajou clair, formant vitrine dans le haut et commode dans le bas. Epoque Louis XVI.

33 — Bureau à dos d'âne, formant armoire à glace dans le haut et commode dans le bas, en bois de palissandre, avec poignées à écoinçons et entrées de serrures en cuivre. XVIIIe siècle.

34 — Glace bisautée avec cadre, à fronton, en bois noir guilloché, ornée d'applications de cuivre, au chiffre royale L enlacés, au milieu de dauphins, d'enfants, de tritons et de trophées guerriers en-guirlandés d'arabesques fleuries. Style Louis XIII.

35 — Glace en deux parties avec cadre en bois sculpté, fronton fleuri, peint en blanc. Epoque Louis XVI.

36 — Deux petites servantes guéridons, à pieds tors,

en marqueterie de bois, à fleurs, bordures incrustées d'ivoire. Style Louis XIII.

37 — Table en palissandre et marqueterie de bois, décor fleurdelisé, bordure incrustée d'ivoire, pieds tors. Style Louis XIII.

38 — Petit écran, bois sculpté, peint en blanc et doré, avec panneau en soierie ancienne. Style Louis XVI.

39 — Petit écran, en tapisserie au petit point, médaillon au chiffre L. L. enlacés, encadrés de fleurs, bois d'acajou. Epoque Directoire.

40 — Petit cabinet japonais, en bois des Iles, orné d'applications métalliques.

41 — Table à jeu forme demi-lune, en bois d'acajou, moulures de cuivre, pieds cannelés. Epoque Louis XVI.

42 — Table à jeu en bois d'acajou, avec écussons et chutes en bronze doré. Epoque Directoire.

43 — Table à tric-trac en bois d'acajou. Epoque fin Louis XVI.

44 — Table à tric-trac en acajou, pieds carrés et cannelés. Epoque Louis XVI.

45 — Petite console en bois de noyer clair, décor en marqueterie à fleurs. Epoque Louis XV.

46 — Table de nuit en bois peint et laqué clair, décor à petites fleurs. Style Louis XV.

47 — Petit écran à tablettes en bois d'acajou. Epoque Directoire.

48 — Petit bureau de dame, forme rococo, en bois de palissandre. Epoque Louis XV.

49 — Commode hollandaise en marqueterie de bois à fleurs sur bois de noyer, poignées et entrées de serrures en bronze. Epoque Louis XV.

50 — Bureau à dos d'âne, en bois d'acajou, avec poignées à oiseaux et fleurs, autres à feuillages. Epoque Louis XV.

51 — Commode à deux rangées de tiroirs, en bois rose et palissandre, orné de bronze, dessus en marbre gris veiné. Epoque Louis XVI.

52 — Commode à trois rangées de tiroirs, en bois de rose et palissandre, avec poignées, appliques et entrées de serrures en bronze, à têtes de folies et rocailles fleuries, dessus en marbre. Epoque Régence.

53 — Commode à trois rangées de tiroirs, en palissandre, garnie de bronzes, à rocailles et feuillages. Epoque Louis XV.

54 — Guéridon en bois d'acajou, sur trois pieds, à colonnes garnies de bronze, dessus en marbre blanc. Epoque Premier Empire.

55 — Belle bibliothèque ou vitrine à deux portes, en bois de noyer, sculptée, à rosaces, palanquins,

rinceaux et coquilles, décor inspiré de Berain.
Style Régence.

56 — Beau meuble à deux corps, en noyer sculpté,
ouvrant à quatre portes et à deux tiroirs, montants
et frises à fleurs, feuillages et fruits, avec tête
d'anges aux angles, aigles aux ailes déployées au
milieu, fronton architectural avec niche accostée
de chevaux marins. Fin xvie siècle.

57-58 — Deux petits bahuts en bois sculpté, décorés
de mufles de lions, sur cartouches à ornements,
bandeaux à gaudrons. Style Henri II.

59 — Jolie table rectangulaire avec pieds à contours,
reliés par un élégant entrejambe, tout en bois
finement sculpté de rinceaux feuillagés et fleuris,
dessus en marbre grenat d'Espagne. Style
Louis XV.

60 — Joli meuble à deux corps, d'aspect architectural, en bois de palissandre, décoré d'incrustations
de nacre de burgau et d'ivoire gravé. Style
Louis XIII.

61 — Table rectangulaire, en bois de noyer sculpté,
pietement à pilastres cannelés. Style xvie siècle.

62 — Encoignure à deux portes, du temps de
Louis XV, en bois de rose et palissandre, ornée de
bronze dorés, à rocailles fleuries, dessus en
marbre brèche d'Alep.

63 — Belle armoire à deux portes, en noyer sculpté,
le haut vitré, avec applications de bois sculpté et
découpé à jour, à lys et feuillages, les montants à
ornements inspirés de Bérain. Style Régence.

64 — Beau meuble à deux corps en bois de noyer,
montants à colonnes avec rondes d'amours et
arabesques à feuillages, surmontés de chapiteaux
couronnés de têtes d'enfants, bandeaux ou cariatides de petits tritons accouplés, frises des tiroirs
représentant un aigle, des guirlandes de fruits et
des têtes de satyres. XVIᵉ siècle.

65 — Cheminée en noyer sculpté avec frises et montants représentant des masques fabuleux et des
arabesques, inspirée de Jean Goujon.

66 — Beau meuble à deux corps, en noyer sculpté, le
bas forme arcade avec masques fabuleux, pilastres
ornementés, bandeaux à gaudron, ouvrant à
tiroirs, le haut à un battant offrant en bas-relief
une figure fantastique au milieu de cornes d'abondance, d'ailes déployées et de cariatides enroulées
écoinçons dans le même goût, rappelant les
compositions Raphaélesques, montants à pilastres
très ornementés ainsi que les profils. Style
Henri II.

67 — Grande armoire, deux portes en noyer sculpté
à rosaces, ornements coquillés et pointes de diamants. Style Louis XIV.

68 — Crédence en bois sculpté offrant sur la façade, en haut-relief, des scènes de supplice ; sur le panneau du fond, en retrait, la Nativité. Fin du xvie siècle.

69 — Grande vitrine à deux portes, en bois sculpté, décor ornementé. Louis XIV.

70 — Armoire à deux portes sculptées, rosaces et pointes de diamant. Style Louis XIV.

71 — Très beau meuble à deux corps, en noyer sculpté, offrant sur les battants des portiques à figures de nymphes et sujets allégoriques aux saisons, sur les tiroirs des têtes de lion et des enroulements feuillagés, comme montants, devant et sur les côtés, des cariatides de personnages mythologiques et allégoriques sur gaines, avec fronton d'aspect architectural. Style Renaissance.

72 — Meuble à deux corps, en noyer sculpté, d'aspect architectural, ouvrant à quatre portes et à deux tiroirs offrant en bas reliefs des motifs inspirés de Jean Goujon, montants à colonnes unies, fronton représentant un petit monument au milieu duquel se détache une sirène. Style Renaissance.

73 — Grand meuble vaisselier, d'aspect architectural, en bois sculpté, le haut à voussures, supporté par d'élégantes colonnettes, le bas ouvrant à deux portes, à têtes d'enfants, au milieu de motifs Raphaélesques. Style xvie siècle.

74 — Meuble à deux corps, en bois sculpté, avec battant et tiroirs ornementés, montants à colonnes torses.

75 — Horloge en bois sculpté à mascarons, têtes d'hommes sur sabliers et draperies. xviie siècle.

76 — Armoire à une porte sculptée, à pointes de diamants, montants à pilastres superposés. Style Louis XIII.

77 — Meuble fontainier en bois sculpté, décor à fleurs de lys et couronnes, encadrement à palmes enroulées, le bas ouvrant à une porte et à un tiroir, avec fontaine et bassin en cuivre rouge repoussé et décoré d'armoiries. Style Louis XIV.

78 — Ecran en bois finement sculpté, avec panneau en tapisserie au point, à personnages et ornements d'après Bérain. Epoque Louis XIV.

79 — Console en bois sculpté et doré, à quatre pieds ornés de dragons, dessus en marbre rouge veiné. Style Louis XV.

80 — Meuble d'aspect architectural, en palissandre incrusté d'ivoire et de nacre gravé, décor à mascarons et vases fleuris. Style xvie siècle.

81 — Meuble à deux corps, en noyer sculpté, battants ornés de cariatides et de masques fabuleux, le fronton avec niche à buste de Cérès, accosté

d'ornements surmontés de cornes d'abondance. XVIᵉ siècle.

82 — Deux chaises à hauts dossiers, en bois sculpté, offrant en haut relief des accouplements de cariatides fabuleuses et des têtes de satyres au milieu d'enroulements feuillagés, d'après les cartons de Raphaël, couvertes en brocatelle. Style Renaissance.

83 — Table rectangulaire, en bois sculpté et doré, sur quatre pieds, forme carquois, reliés par un élégant entrejambe perlé avec vase fleuri au milieu, bandeau ajouré, dessus en marbre brèche d'Alep. Style Louis XVI.

84 — Meuble cabinet, en bois noir et marqueterie de bois de couleur à fleurs, les encadrements guillochés. Style Louis XIII.

85 — Meuble à deux corps, en noyer sculpté, ouvrant à quatre portes décorées de cartouches à mascarons, de frises à enroulements, avec montants à colonnes. Style Renaissance.

86 — Table de salon, en bois de rose et marqueterie, garni de bronzes. Style Louis XV.

87 — Petite table rectangulaire, en bois sculpté, piètement à pilastres fuselés. Style Renaissance.

88-91 — Quatre armoires, en bois sculpté, taillé à facettes de diamant (seront vendues séparément).

92 — Meuble à deux corps ouvrant à quatre portes et deux tiroirs, en bois d'acajou, montants à chutes de fruits et nœuds de rubans, fronton à corbeille de fleurs. Epoque Louis XVI.

93 — Crédence en noyer ciré ouvrant à deux portes, pieds et montants à colonnettes fleurdelisées. Style Renaissance.

94 — Armoire à une porte, sculptée à facettes de diamants. xviiie siècle.

95 — Meuble à deux corps ouvrant à deux portes dans le bas, montants à cariatides, le corps du haut se détachant sous un entablement avec fronton architectural en retrait et supporté par deux sphinx. Style Renaissance.

96 — Beau meuble à deux corps en noyer sculpté, ouvrant à quatre portes, et une rangée de tiroirs avec frises et montants décorés de chutes de fruits et d'arabesques de fleurs, de têtes de chérubins, fronton monumental avec groupe de Vierge et Enfant dans une niche accostée de chevaux marins. Commencement du xviie siècle.

97 — Prie-Dieu en chêne sculpté, représentant en bas-relief la Nativité, au fronton le Père éternel tenant le Christ en croix, surmonté et entouré de têtes d'anges. xviie siècle.

98 — Meuble à deux corps en noyer sculpté, les battants à motifs Raphaélesques avec moulures à oves, le

fronton au chiffre DD enlacé de Diane de Poitiers, entre cornes d'abondance et consoles, à rinceaux feuillagés. Style François Ier.

99 — Table Louis XIII en noyer ciré, pieds tors.

100 — Table en noyer à pieds fuselés, reliés par une traverse. Style Henri II.

101 — Table en chêne avec pieds à boulons reliés par une traverse. Louis XIII.

102 — Table en chêne sculpté à quatre pieds reliés par une traverse. Style Louis XIII.

103 — Grande table rectangulaire, en noyer ciré et sculpté, bandeaux à gaudrons et mufles de lions, pieds à pilastres reliés par un entrejambe. Style Renaissance.

104 — Deux bergères, en bois laqué blanc, Premier Empire, couvertes et avec coussins en velours vert frappé.

105 — Miroir ovale bisauté, avec cadre en bois sculpté doré, draperie et guirlandes de fleurs. Style Louis XVI.

106-107 — Deux consoles d'applique, en bois sculpté, à têtes de chérubins. Style Louis XIII.

108 — Commode en acajou, montants cannelés, dessus en marbre blanc. Epoque Louis XVI.

109 — Commode en acajou, à trois rangées de tiroirs cintrés sur le devant, entrées de serrures et poignées en cuivre. Epoque Louis XV.

110 — Haut de meuble à deux portes, en bois de rose et marqueterie, garni de glace. Epoque Louis XV.

111 — Deux banquettes, en bois sculpté, à rocailles fleuronnées, dessus en brocatelle jaune. Style Louis XV.

112 — Secrétaire chiffonnier, en acajou, orné de bronzes, dessus de marbre. Epoque Louis XVI.

113 — Glace ovale bisautée, avec cadre, bois sculpté et doré, à fronton, montants à figures de femmes. Style Louis XVI.

114-115 — Deux glaces d'entre deux avec cadres, à fronton, bois sculpté peint en blanc, à trophées de carquois et de torches. Style Louis XVI.

116 — Grande glace bisautée avec cadre en bois sculpté à gaudron et feuilles d'acanthe aux angles. Style Louis XIII.

117 — Commode à trois rangées de tiroirs en acajou, garnie de moulures et de filets de cuivre, dessus en marbre gris. Epoque Louis XVI.

118 — Table à jeu en acajou et moulures de cuivre. Epoque Louis XVI.

119 — Ecran en bois sculpté avec panneau en tapisserie fond blanc à écusson et fleurs. xviiie siècle.

120 — Table à jeu en bois sculpté flamand. Louis XIII.

121 — Coffre de mariage en bois sculpté, montants et frises à ornements. Style Louis XIII.

122 — Secrétaire en bois d'acajou et filets de marqueterie garni de bronzes et dessus en marbre. Epoque Louis XVI.

123-124 — Deux encoignures ouvrant à deux portes et cintrées, en bois de palissandre avec cannelures de cuivre, dessus en marbre rosé. Epoque Louis XVI.

125 — Petite commode à trois tiroirs, en bois rose, garni de bronzes, dessus en marbre rosé. Epoque Louis XVI.

126 — Belle commode en bois satiné et marqueterie, garni de bronzes, dessus en marbre gris. Epoque Louis XVI.

127 — Petite console demi-lune, en bois sculpté doré, à nœuds de rubans et guirlandes de fleurs, dessus en marbre rose. Style Louis XVI.

128 — Beau lit Renaissance en chêne sculpté, le bas à gaudrons, offrant sur les panneaux des masques et cariatides diaboliques et des cartouches à têtes de personnages au milieu d'ornements, les côtés à cariatides d'homme et de femme, le fronton

offre un cartouche au milieu de volutes feuillagées et surmonté d'un masque fabuleux, les montants à colonnes torses.

129 — Armoire en noyer sculpté, s'ouvrant à deux portes à losanges ornés de coquilles au milieu de rinceaux fleuronnés. xviie siècle.

130 — Armoire en noyer sculpté, s'ouvrant à deux portes ornées de pointes de diamant et le milieu de rosaces, époque Louis XIII.

131 — Crédence de style Renaissance, en noyer sculpté, le corps du haut supporté par un piétement à balustres carrés, s'ouvre à deux portes, ornées d'accouplements de cariatides, de chimères et mascarons, les montants en forme de gaines surmontées de chapiteaux ioniques, et ornée au fronton et dans le bas d'une frise représentant un personnage diabolique au milieu de rinceaux feuillagés.

132 — Grande cheminée de style Renaissance en noyer sculpté; l'entablement, supporté par des cariatides d'homme et de femme, est orné au centre d'un masque fabuleux au milieu d'une frise à gaudrons et feuilles d'acanthe, le haut orné d'une glace offre sur les côtés des personnages posés sur des gaines à mufles de lions et au fronton un écusson au milieu de cornes d'abondance.

133 — Grande armoire normande, Louis XIV, en noyer sculpté, s'ouvrant à deux portes, ornée dans le

haut de panneaux à carrelages fleuris, et dans le bas de cartouches au milieu de rinceaux, volutes et chimères, le fronton à coquille.

134 — Grande armoire en noyer sculpté, s'ouvrant à deux portes ornées de glaces, le bas à carrelages fleuris. xviie siècle.

135 — Cabinet italien en noyer sculpté, tout incrusté de cuivre, nacre et ivoire, à mascarons, couronne et guirlandes de fleurs, le corps du haut est surmonté d'un fronton supporté par des colonnettes en forme de vase.

136 — Crédence en noyer sculpté, le corps du haut supporté par des colonnettes cannelées, s'ouvre à deux portes ornées de haut-relief à groupes allégoriques. Style Renaissance.

137 — Glace Trumeau de l'époque Louis XVI, bois sculpté, dessin, à rubans enroulés et perlés, offrant dans le haut une peinture représentant la jeune mère.

138 — Glace Louis XVI, cadre en bois sculpté et doré, à cannelures.

139 — Glace de l'époque Louis XVI, cadre en bois sculpté et doré, à rubans enroulés et perlés.

140 — Petite glace Louis XVI, cadre en bois sculpté et doré, le haut à guirlandes de fleurs et trophée de torches et carquois enrubannés.

141 — Baromètre Louis XVI, en bois sculpté et doré, en forme de lyre.

142 — Glace, cadre en bois sculpté et doré, les côtés à chutes de fleurs, fronton à vases et corbeille de fleurs.

143-144-145 — Deux glaces trumeaux Louis XVI, cadre en bois sculpté et rechampi de gris, entourage à perlé, fronton à trophée de torches et carquois au milieu de branches de chêne et lauriers.

146 — Miroir, encadrement à draperies et guirlandes de fleurs, en bois sculpté et doré.

147 — Glace Régence, cadre en bois sculpté et doré, à coquilles, rocailles et rinceau, le fronton orné d'un volatille.

148 — Glace, cadre en bois sculpté et doré, le fronton offrant un trophée d'instruments de musique accosté de corbeilles fleuries et surmonté d'une palmette. Epoque Louis XIV.

149 — Glace, cadre en bois sculpté et doré, entourage à perlé et rais de chœur, le fronton à corbeilles de fleurs au milieu de rinceaux feuillagés.

150 — Petite crédence en noyer sculpté, montants à colonnettes, s'ouvrant à une porte ornée d'un bas-relief représentant un groupe allégorique. Style Renaissance.

151 — Petite crédence en noyer sculpté, le pietement à
balustres s'ouvrant à deux portes à mascarons
au milieu de volutes feuillagées, rinceaux et ornements, les montants en forme de gaines. Style
Renaissance.

152 — Crédence en noyer sculpté, le corps du haut,
supporté par des balustres carrés, offre une frise
de gaudrons, les portes sont ornées de figurines de
guerriers romains dans des encadrements en forme
de portiques. Style Renaissance.

153 — Fauteuil Louis XVI, en noyer sculpté, à cannelures, recouvert en velours frappé fond brun.

154 — Console Louis XIV en chêne sculpté et ajouré,
le bandeau à coquilles.

155 — Lit sculpté sycomore, laqué, les montants ornés
de têtes de sphinx posées sur des gaines, parties
peintes en vert. Epoque Premier Empire.

156 — Table de nuit de même travail.

157 — Petit lit en noyer sculpté, les montants à colonnettes cannelées, le fronton à trophée de torches
et de carquois au milieu d'un nœud de ruban.
Epoque Louis XVI.

158 — Lit de style Louis XIII en noyer sculpté, les
panneaux à rosaces et losanges ornementés, le
fronton à palmettes au milieu de volutes, les
montants à colonnes torses.

159 — Poudreuse, en bois de rose et palissandre, ornée de bronzes dorés. Epoque Louis XV.

160 — Commode en marqueterie de bois de rose, s'ouvrant à quatre tiroirs, poignées et entrées de serrures en bronze doré, à rocailles, dessus en marbre rouge veiné. Epoque fin Louis XV.

161 — Table Louis XIII, en noyer sculpté, piétement à balustres relié par des traverses.

162 — Deux petits coffres Renaissance, en noyer sculpté, offrant sur le devant un mufle de lion au milieu d'un cartouche ornementé.

163 — Petite console, en bois sculpté et doré, posant sur quatre pieds, à cannelures, reliés par un entrejambe à vase fleuri, dessus marbre rose veiné, avec son trumeau de même travail. Style Louis XV.

164 — Console du style Louis XVI en bois sculpté et doré, piétement carré à cannelures, bandeau ajouré avec guirlandes de fleurs et nœuds de rubans, dessus de marbre rose veiné.

165 — Crédence en noyer finement sculpté, dans le goût de la Renaissance, le corps du milieu légèrement en ressaut s'ouvre à deux portes ornées de médaillons à têtes de personnages au milieu de rinceaux feuillagés et cornes d'abondance, les montants à fines colonnettes surmontées d'animaux frises à mascarons, rinceaux et chimères, le

fronton à voussures offre en bas-relief des médaillons à têtes de personnages surmontés d'accouplements de chimères, volatiles et personnages diaboliques.

166 — Secrétaire en acajou, à moulures et filets de cuivre, dessus en marbre brèche rosé. Epoque Louis XVI.

167 — Ecran en noyer sculpté, à deux tablettes ornées d'anciennes broderies portugaises sur un fond de velours rouge.

168 — Psyché Premier Empire, en acajou, les montants à colonnettes ornées de bronze, le haut orné de cassolette offre un bas-relief représentant « Hercule filant aux pieds d'Omphale ».

69 — Petit buffet en noyer sculpté, dans le goût de la Renaissance, s'ouvrant dans le bas, à une porte ornée d'une rosace et de rinceaux feuillagés, les montants à colonnettes torses, le haut à étagère, ornée de cartouches ornementés, le fronton à têtes de chérubins (travail partie ancien).

170 — Petit meuble en chêne sculpté s'ouvrant à une porte ornée d'un masque de lion au milieu d'un cartouche.

171 — Lit Louis XVI en bois sculpté et laqué blanc à rubans enroulés, les montants à colonnettes cannelées surmontées de panaches, le haut à trophées

de carquois et de torches enrubannés, gainé d'étoffe fond bleu à fleurs.

172 — Lit Louis XV en bois sculpté et peint blanc gainé d'étoffe fond crème à fleurs.

173 — Bibliothèque Louis XVI en noyer sculpté, s'ouvrant à deux portes vitrées, offrant dans le haut des coquilles au milieu de volutes et dans le bas des rosaces au milieu de rinceaux fleuronnés.

174 — Petite glace de l'époque Louis XVI, cadre en bois sculpté et doré, à perlé et rubans.

175 — Deux cadres ovales Louis XIV en bois sculpté et doré, à guirlandes de fleurs, fonds de tapisserie au point et au petit point.

176 — Coffret ancien en noyer sculpté recouvert de tapisserie, à corbeille de fleurs.

177 — Deux petites glaces à cadre à fronton en bois sculpté et doré.

178 — Vitrail ancien représentant la résurrection du Christ.

179 — Six chaises hollandaises à hauts dossiers ajourés, en ancienne marqueterie de bois à fleurs, recouvertes de brocard vert et rose.

180 — Table rectangulaire, piétement à traverse et six chaises, en noyer sculpté, pieds à torsades. Style Louis XIII.

181 à 190 — Lot de sièges anciens, en bois sculpté, doré et laqué blanc, des époques Louis XIV, Louis XV, Louis XVI (sera divisé).

191 — Glace Louis XIV en bois sculpté et doré, à guirlandes de fleurs, fronton à corbeille au milieu de rinceaux sur fond de glace, et surmonté d'une rocaille.

192 — Vitrine en bois noir s'ouvrant à quatre portes, incrustée de cuivre à rinceaux fleuronnés.

193 — Armoire à glace en chêne sculpté dans le goût de la Renaissance, fronton à cartouches et volutes, montants à colonnes torses.

194 — Buffet de salle à manger en noyer sculpté dans le goût de la Renaissance, s'ouvrant dans le haut à deux portes vitrées, dans le bas à deux portes pleines ornées de bas-reliefs gibiers et poissons, montants à colonnettes cannelées.

195 — Lot de panneaux, en bois sculpté, frisés, panneaux, chapiteaux et bas-reliefs. Gothiques et Renaissance.

196 — Petit meuble hollandais, en bois sculpté, à contours, le bas des côtés à volutes, s'ouvrant dans le haut à une porte vitrée, le bas à trois tiroirs.

197 — Vitrine de style Louis XVI, en bois de rose et palissandre, orné de bronzes.

198 — Trumeau, en bois sculpté et peint en blanc, le haut à coquille, au milieu de volutes et de rinceaux fleuronnés. Orné dans le bas d'une glace et dans le haut d'une peinture représentant une scène galante. Louis XIV.

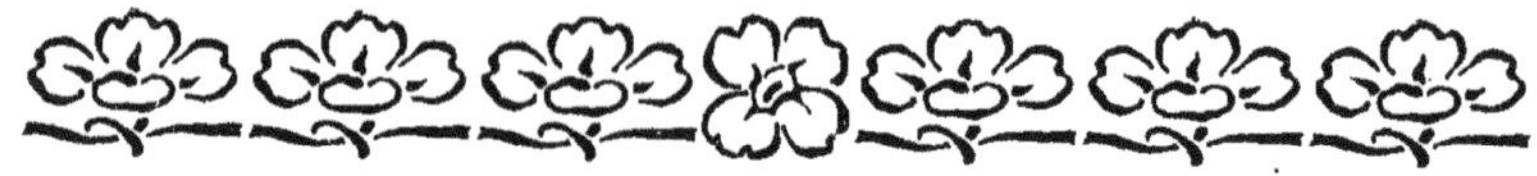

OBJETS D'ART

199 — Paire de landiers anciens, en fer forgé. XVIe siècle.

200 — Deux girandoles à cinq lumières, de style Louis XV, en bronze ciselé et doré, à rocailles feuillagées.

201 — Pendule de l'époque du Premier Empire, en bronze ciselé et doré, cadran accosté d'une figurine « L'Enfant Studieux ».

202-203 — Deux Christ en ivoire, encadrements en bois sculpté et doré. XVIIe siècle.

204 — Christ en bois sculpté et doré, encadrement sur fond de velours noir. XVIIIe siècle.

205 — Grand Christ en bois sculpté, sur croix de bois noir.

206 — Panneau en bois sculpté, représentant un bouquet de fleurs, encadrement bois noir.

207 — Petit Christ en bois sculpté, sur croix de bois noir.

208 — Garniture de cheminée en marbre et bronze, partie dorée, composée d'une pendule, mouvement surmonté d'un groupe de colombes et accosté de deux figurines d'amours guerriers et de deux cassolettes.

209 — Cartel Louis XV, en bronze ciselé et doré, à rocailles fleuronnées.

210 — Deux plats en faïence italienne, à sujets mythologiques (encadrés).

211 — Miroir octogonale, cadre en bronze ciselé et doré, le haut et le bas à mascarons.

212 — Deux appliques à huit lumières, à fond de glace, cadres en bronze ciselé.

213 — Deux appliques à deux lumières, en bronze ciselé et doré, à fond de glace.

214 à 217 — Huit mouvements de pendules anciennes.

218 — Deux vases persans, en cuivre gravé.

219 — Pendule Premier Empire, en bronze ciselé et doré, offrant un groupe allégorique à la Navigation.

220 — Pendule du Premier Empire, en bronze ciselé et doré, ornée d'une figurine allégorique à la Géographie, socle en marbre vert de mer.

221 — Panneau, en bois sculpté, peint blanc et or, offrant une torche au milieu de rinceaux enrubannés et surmontés de groupes de colombes.

222 — Deux appliques à trois lumières, en bronze ciselé et doré, à fond de glace.

223 — Bas-relief, en cuivre, représentant « Le passage du Granique par Alexandre le Grand » (encadré).

224 — Paire de flambeaux en cuivre ciselé et ajouré, dans le goût de la Renaissance.

225 — Christ en ivoire sculpté, sur croix de bois noir. Epoque Louis XIV.

226 — Grande et belle pendule en bronze ciselé et doré, le mouvement en forme de vase accosté de deux figurines d'amours allégoriques, socle en marbre blanc orné de bronze. Style Louis XVI.

227 — Pendule en marbre noir, ornée de bronze, à vases de fleurs, supportés par des accouplements de dauphins, le haut à corbeilles et guirlandes de fleurs, accostées de chimères, cadran à draperie. Fin Louis XVI.

228 — Petite pendule de l'époque Louis XVI, en bronze ciselé et doré, mouvement accosté d'une figurine de Cléopâtre.

229 — Cartel Louis XV, en bronze ciselé et doré, à rocailles et fleurs, offrant dans le bas un coq et

dans le haut une figurine d'amour allégorique à la Géographie.

230 — Jeu de poids en bronze ciselé et doré.

231 — Pendule religieuse en bois noir et marqueterie de cuivre et d'étain, sur fond d'écaille, montants à colonnettes plates cannelées, surmontées de chapiteaux.

232 à 234 — Trois fontaines et leurs bassins, en cuivre rouge poli.

235 — Aiguière et son bassin, en ancienne faïence de Strasbourg à sujets chinois.

236 — Buste en biscuit, la Dubarry.

237 — Lampe d'autel en bronze argenté, les côtés à têtes de chérubins. XVIIe siècle.

238 — Petite pendule du Premier Empire en bronze noir et doré.

239 — Deux chenets Louis XIII en bronze ciselé et doré, boules cotelées posées sur des volutes.

240 — Deux appliques Louis XIV à quatre lumières, sur fond de glace, en bronze ciselé et doré.

241 — Garniture de cheminée en marbre et bronze doré et ciselé, composée d'une pendule et de deux candélabres à figurines d'amours.

242 — Trois samovars en cuivre rouge, anses à têtes de lions.

243 — Deux rouets anciens.

244 — Petite armoire de poupée bretonne en chêne sculpté, porte ornée d'une corbeille fleurie.

245 — Paire de candélabres à neuf lumières, en bronze ciselé et doré, modèle à cassolette sur trépied, socle en marbre blanc.

246 — Groupe en porcelaine d'Allemagne « La partie de cartes ».

247 — Panneau en bois sculpté, peint blanc et or, représentant une gerbe de fleurs enrubannée, époque Louis XVI.

248 — Chenets en bronze ciselé et doré, à cariatides de sirènes.

249 — Vase persan en cuivre gravé.

250 — Statuette en bronze, « Mercure », sur colonne de marbre vert de mer.

251 — Petite pendule de l'époque Louis XIV, en marqueterie de cuivre, sur fond d'écaille.

252 — Aiguière en cuivre ciselé et ajouré, dans le goût de la Renaissance.

253 — Deux bustes en biscuit, « Louis XVI et la Reine ».

254 — Pendule en biscuit, ornée de deux figurines d'enfants accostant un fût de colonne cannelée, surmontée d'un vase, socle orné d'un bas-relief en bronze doré, à jeux d'amours.

255 — Statuette d'amour allégorique au temps.

256 — Lustre hollandais, en cuivre poli, à douze lumières.

257 — Lustre en cristal orné de perles facetées.

258 — Trois salières en faïence Italienne, supportées par des figurines d'enfants assis sur des lions.

259 — Deux cornets en cloisonné, fond bleu, à fleurs, arabesques et lambrequins.

260 — Garniture de cheminée, en albâtre sculpté, composée d'une pendule formée d'un groupe mythologique et de deux statuettes de nymphes tenant des cornes d'abondance, socles en marbre. Epoque du Premier Empire.

261 — Garniture de cheminée, en bronze et marbre blanc, composée d'une pendule ornée d'une statuette « Sapho de Pradier » et de deux candélabres à figures de nymphes tenant des corbeilles à sept lumières.

262 — Lustre en verre de Venise.

263 — Christ Louis XIV en bois sculpté, sur fond de velours bleu, cadre à feuilles d'acanthe.

264 — Deux paires de chenets Louis XV, en bronze ciselé et doré, à figures d'enfants et d'amours sur des rocailles.

265 — Deux chenets Louis XVI, en bronze ciselé et doré, pommes de pin sur galeries à draperies.

266 — Deux chenets en fer forgé, forme fleur de lys.

267 — Deux paires de chenets en fer forgé.

268 — Deux paires chenets Louis XIV, en cuivre doré, modèle à cassolettes.

269 à 272 — Quatre paires d'appliques en bronze ciselé et doré, de style Louis XV et Louis XVI, à rocailles, carquois et cariatides de femmes.

273 — Deux paires cassolettes Louis XVI, marbre et bronze.

274 — Deux girandoles à deux lumières, en bronze argenté. Époque Louis XV.

275 — Deux girandoles Louis XV, à trois lumières, en bronze argenté, à côtes tournantes.

276 à 288 — Collection de vingt-six paires de flambeaux en bronze ciselé, argenté et doré, des époques Louis XIII, Louis XIV, Louis XV, Louis XVI (seront divisés).

289 — Mortier en bronze.

290 — Deux coffrets en fer gravé.

291 — Trois groupes en pierre de lard, à personnages chinois.

292 — Deux bustes en bois sculpté, personnages Louis XIV.

293 — Lustre du Premier Empire, en bronze ciselé et doré, orné de chars, couronnes, chevaux ailés et guirlandes de perles facetées.

294 — Lustre en bronze doré, orné de perles de cristal.

295 — Bas-relief en bronze ciselé et doré, représentant « La Vierge et l'Enfant ».

296 à 300 — Suite de cachets anciens, en fer, cuivre et agate.

301 — Plaquette en ivoire sculpté et ajouré, représentant « L'écorchement de Marsyas ».

302 — Grand et beau christ en ivoire sculpté, cadre de l'époque Louis XIV, en bois sculpté et doré.

303 à 308 — Suite de dix coffrets italiens en bois, ornés d'incrustations de nacre, d'ivoire et de cuivre, à fleurs et personnages en nacre et laque du Japon.

Faïences -- Porcelaines

309 — Deux potiches en porcelaine de Saxe, fond jaune à rehauts d'or et à cartels de paysages animés de personnages.

310 — Deux vases en porcelaine d'Allemagne, décor ajouré et en relief à treillages fleuris.

311 — Deux potiches en Moustier polychrome, décor à fleurs et médaillons à sujets allégoriques, anses à têtes de lions.

312 — Grande potiche à pans avec couvercle, décor à marines et scènes galantes en bleu sur blanc.

313 — Cache-pot en faïence de Marseille, décor à scènes galantes, anses à mascarons.

314 — Deux potiches à pans, en porcelaine de l'Inde, décor à armoiries et semis de fleurs, en polychrome.

315 — Deux chimères en faïence de Nevers.

316 — Deux potiches avec couvercles, décor à branchages fleuris, dans le goût japonais, à polychrome.

317 — Chocolatière en ancienne porcelaine de Paris, décor à personnages en grisaille et rehauts d'or.

318 — Deux pichets en faïence de Strasbourg, à fleurs.

319 — Deux vases Louis XVI, en verre bleu, montés en bronze.

320 — Beurrier en ancienne porcelaine de Sèvres, blanche à bordure dorée.

321 — Deux pots à pharmacie, en ancienne porcelaine de Paris, fond bleu et fond rose et blanc, rehaussé d'or.

322 — Deux coupes en porcelaine du Japon et de Chine, montées en bronze.

323 — Vase en porcelaine fond bleu, à rehauts d'or, médaillon à scènes d'intérieur et paysage, monté en bronze.

324 — Coupe en porcelaine de Saxe, représentant des cavaliers, et semis de fleurs, monture en bronze doré.

325 — Deux grands pichets en grès, à personnages.

326 — Grand plat en faïence de Savone, à sujet mythologique, en bleu sur blanc.

327 — Deux potiches, forme boules, en ancienne faïence, fleurs à grands ramages.

328 — Deux potiches, à pans en porcelaine du Japon, décor polychrome à arabesques fleuries.

329 — Soupière avec plateau et couvercle en porcelaine de l'Inde, décor à guirlandes de fleurs et rehauts d'or.

330 — Deux bouteilles en porcelaine d'Allemagne fond jaune, décor à semis de fleurs en relief, bouchon surmonté d'un oiseau.

331 — Deux bouteilles en faïence de Delft, dessin bleu sur blanc.

332 — Deux vases en faïence de Nevers, décor à personnages.

333 — Deux lions héraldiques en faïence de Delft.

334 — Deux vases en porcelaine d'Allemagne, décor à scènes galantes et paysages, anses à têtes de béliers.

335 — Deux vases en faïence italienne, anses à serpents et mascarons.

336-337-338 — Cinq fontaines en ancienne faïence de Rouen et Moustier, décors polychromes.

339 — Deux potiches avec couvercles, en porcelaine de Chine, fond bleu turquoise, décors en relief à volatiles posés sur des arbustes fleuris.

340 — Pot à thé en Satsuma, décor en relief à guirlandes de fleurs et volatiles et personnages en
rehaut d'or.

341 — Solitaire en porcelaine, décor Sèvres, à couronnes
de fleurs, bordures bleues à rehauts d'or, composé
d'un plateau, d'une théière, d'un pot à crème, d'un
sucrier et d'une tasse avec sa soucoupe.

342 — Coupe en porcelaine de Berlin, décorée de scènes
champêtres, couvercle surmonté d'une figurine de
petit Bacchus.

343 — Coupe avec couvercle en porcelaine d'Allemagne
fond bleu, à rehauts d'or, décorée de médaillons à
scènes galantes, monture bronze doré.

344 — Deux petits vases en porcelaine fond bleu à
rehauts d'or et médaillons à scènes galantes et
monture en bronze doré. Louis XVI.

345 — Deux vases en porcelaine de Capo-di-Monte,
décor en relief à sujets mythologiques, anses à
têtes de béliers.

346 — Brûle-parfums en bronze du Japon, personnage
sur un buffle.

347 — Deux bouquetières Louis XV en ancienne faïence,
fond jaune à fleurs.

348 — Deux vases en faïence italienne à médaillons
d'amours.

349 — Deux flambeaux en marbre noir et blanc, forme colonnettes ornées de draperies en bronze doré. Fin Louis XVI.

350 — Deux petites potiches en ancienne porcelaine du Japon à décor polychrome.

351 à 380 — Collection de trois cent soixante assiettes en ancienne faïence et porcelaine de Chine, Japon, Inde, Saxe, Sèvres, Strasbourg, Rouen, etc. (sera divisée).

381 — Deux plats en faïence de Rhodes.

382 - 383 - 384 — Trois plats Hispano - Mauresque en faïence, décors à reflets métalliques.

385 à 404 — Collection de cinquante plats en ancienne porcelaine et faïence de Chine, Saxe, Japon, Delft, Rouen et Strasbourg (sera divisée).

405 à 414 — Collection de saladiers, plats à barbe, plats, cuvettes et bidets en anciennes faïences de Rouen et autres (sera divisée).

415 — Tête à tête, en porcelaine, fond bleu a rehauts d'or et perles d'émail, décor Sèvres, médaillons à scènes galantes, composé d'un plateau, une cafetière, un sucrier, un pot à crème, deux tasses avec leurs soucoupes (dans un écrin).

416 — Tête à tête, en porcelaine de Saxe, fond bleu turquoise, rehaussé d'or, médaillons à scènes

champètres, composé d'un plateau, une cafetière, un sucrier, un pot à crème et deux tasses avec leurs soucoupes (dans un écrin).

417 — Ecuelle avec couvercle et plateau en porcelaine fond bleu, rehaussée d'or, décor Sevres, médaillon à scènes galantes.

418 — Suite de coupes, bols, tasses et soucoupes, cafetières et théières en porcelaine de Chine, Saxe et Japon.

419 — Lion en porcelaine de Saxe, sur socle en bronze ciselé, à rocailles.

420 — Deux statuettes en porcelaine « Neptune et Jupiter ».

421 à 425 — Suite de plats en faïence Hispano-Mauresque, à reflets métalliques (seront divisés).

426 à 435 — Suite de bols, plats en porcelaine de Saxe, Chine et Japon (seront divisés).

436 à 450 — Suite de potiches en ancienne porcelaine de Delft et du Japon, décor à fleurs et personnages en bleu sur blanc (seront divisées).

451 — Tasse et soucoupe en porcelaine de Sèvres, décor à rinceaux et cartouches et rehauts d'or (dans son écrin).

452 — Brûle-parfums en bronze du Japon, posant sur trépied, couvercle surmonté d'une chimère.

453 — Deux statuettes en bronze, « Les Petits Chasseurs », socles en marbre blanc Louis XVI.

454 — Deux flambeaux en bronze du Japon.

455 — Vase en bronze de Chine, à col évasé.

456 — Statuette en bronze, Napoléon Ier, sur socle.

457 — Coupe en malachite, anses à têtes de cygnes, époque du Premier Empire.

458 — Garniture de trois pièces, faïence Hispano-Mauresque, coupe et deux vases.

459 — Coupe en porcelaine du Japon, monture en bronze.

460 — Petite soupière en porcelaine du Japon.

461 — Statuette en bronze doré « L'Enfant à l'Oiseau », socle en marbre vert de mer. Epoque Premier Empire.

462 — Petit groupe en bronze vert « Les lutteurs. »

463 — Bénitier eu faïence italienne.

464 — Quatre grandes torchères d'église en bronze argenté, tiges à cannelures époque Louis XVI (seront divisées).

465 — Collections de bénitiers en faïence et cuivre repoussé (seront divisés).

466 — Groupe en biscuit « Le Triomphe de Flore ».

467 — Statuette en bois sculpté « Gladiateur mourant ».

468 — Collection de neuf clefs anciennes en fer forgé (seront divisées).

469 — Petit bénitier en argent repoussé.

470 à 473 — Collection de vingt médailles en bronze, anciennes et modernes (seront divisées).

474 à 478 — Collection de camées et de pièces de monnaie (seront divisées).

479 à 489 — Collection de douze médaillons en terre cuite, ivoire, bronze et étain, portraits de personnages historiques, encadrés (seront divisés).

485 à 494 — Important lot d'étains, anciens, ciselés et gravés ; plats, écuelles, etc. (seront divisés).

495 à 504 — Lot de chutes, poignées et entrées de serrures en bronze ciselé Louis XV et Louis XVI.

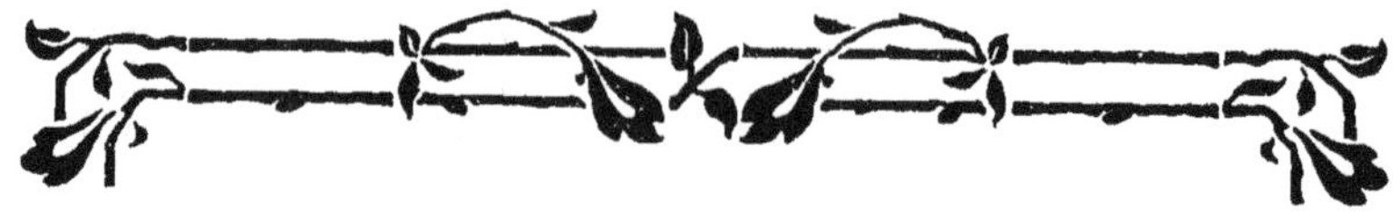

ARMES

505 à 524 — Importante collection d'armes, épées,
poignards, pistolets, piques, rapières, fusils, cou-
teaux de chasse de XVe, XVIe, XVIIe et XVIIIe
siècle (seront divisés).

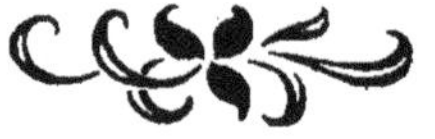

Argenterie -- Plaqué

525 — Aiguière en argent uni, décorée de gerbe de blé
et de groupes d'amours en relief, anse à figurine
de femme. Epoque du Premier Empire.

526 — Chocolatière en argent uni, bordure à perles et
palmettes, ornée d'écussons et de guirlandes de
lauriers en relief. Epoque Louis XVI.

527 — Ménagère en argent ciselé et ajouré, bordure à
perlé et branches de lauriers attachées à des
nœuds de rubans. Epoque Louis XVI.

528 — Sucrier en cristal, monture en argent ciselé et
repoussé, bordure à palmettes, couvercle surmonté
d'un cygne. Epoque Premier Empire.

529 — Sucrier en argent uni, bordure ciselée et gravée,
à palmettes et masques de lions, anses à têtes de
faunes, couvercle surmonté d'un sphinx ailé.
Epoque Premier Empire.

530 — Tasse et soucoupe de l'Empire, en vermeil ciselé, bordure à rinceaux et groupes de fruits.

531 — Porte-huilier en argent ciselé et ajouré, orné de draperies et accosté dans le bas de deux figurines d'amours. Epoque Louis XVI, avec ses burettes en cristal taillé.

532 — Petit pot à crème Louis XV, en argent ciselé, à rocailles.

533 — Deux poudrières Louis XV, en argent ciselé et ajouré, à côtes tournantes et guirlandes de fleurs.

534 — Quatre salières et un moutardier en argent ciselé et ajouré, à écussons et amours. Epoque Louis XVI.

535 — Deux salières et une ménagère en métal argenté et repoussé.

536 — Plateau et mouchette en métal argenté.

537 — Petit sucrier Louis XV, en argent ciselé, à rocailles, couvercle orné d'une pomme.

538 — Deux poudrières en argent uni et ajouré, bordure à guirlandes et perlés, époque Louis XVI.

539 — Verre en cristal, avec monture en argent repoussé, époque Premier Empire.

540 — Brûle-parfums de forme hexagonale, en argent repoussé et ajouré, à rocailles, époque Régence.

541 — Plateau en argent ciselé et repoussé, à guirlandes de laurier, coquilles et gaudrons, époque Louis XIV.

Objets de Vitrine

542 — Montre de l'époque Louis XVI, boîtier en or de couleur ciselé, offrant au centre un émail représentant une femme assise dans un fauteuil.

543 — Montre de l'époque Louis XVI, boîtier en or ciselé et entouré de roses, orné d'un émail représentant une jeune fille coiffée d'un panache de plumes.

544 — Montre de l'époque Louis XV, boîtier en or ciselé et ajouré, à groupes de personnages au milieu de rocailles.

545 — Montre de l'époque Louis XV, boîtier en or ciselé et ajouré, à rocailles treillagées.

546 — Deux montres en or, boîtiers ornés d'émaux, représentant une marine et un vase de fleurs. Fin Louis XVI.

547 — Montre de l'époque Louis XVI, boîtier en or de couleur ciselé, orné d'un petit amour au milieu d'attributs symboliques.

548 — Plaquette en or émaillé du Premier Empire, représentant le « Serment d'Amour », monture en or ciselé.

549 à 552 — Quatre montres de l'époque Louis XVI, boîtiers en or ciselé à rosaces et guirlandes de fleurs.

553 — Petit bas-relief Empire représentant une offrande d'amours, cadre doré.

554 — Croix arlésienne en or et argent, ornée de roses.

555 — Deux petits étuis de l'époque Louis XVI en or ciselé et repoussé.

556 — Deux boutons émaillés à groupes allégoriques, fin Louis XVI.

557 à 576 — Collection de quarante quatre miniatures des époques Louis XIV, Louis XV, Louis XVI et Premier Empire (seront divisées).

577 à 581 — Collection de dix bonbonnières en écaille, ivoire et cuivre, Louis XVI et Premier Empire, couvercles ornés de miniatures, portraits d'hommes et de femmes, et broderies de paillettes (seront divisées).

582 — Etuis et bonbonnières en vernis Martin.

583 à 585 — Six bonbonnières en agate et caillou d'Egypte. xviii° siècle.

586 à 590 — Dix bonbonnières et étuis en porcelaine et émail ancien. xviii² siècle.

591 — Deux petites boussoles en ivoire.

592 — Deux carnets de bal en ivoire et filigrane d'argent.

593 — Petit étui, forme poisson, en argent ciselé.

594 — Deux petits boutons, à torsades, enrichis de roses.

595 — Cœur en cristal de roche.

596 — Cachet en cristal, gravé, monture or.

597 à 616 — Collection de bijoux et objets de vitrine, anciens, en or et argent, enrichis de rose, strass, pierres de couleur et émaux, comprenant environ vingt pendants et croix diverses, trente-huit boucles d'oreilles, vingt-trois médaillons et broches, vingt-six boucles et agrafes, deux colliers, trois bracelets, une paire de lunette, dix chatelaines, trente cachets et flacons divers, vingt autres petits bibelots divers et cinquante bagues.

617 — Deux statuettes en ancienne porcelaine de Chine, représentant des divinités.

618 — Eventail, monture en ivoire ciselé, repercé à jour et rehaussé d'or, feuille représentant un repas

champêtre, sur un fond de broderie de paillette. Époque Louis XVI.

619 — Eventail, monture en ivoire ciselé et ajouré, feuille représentant la déclaration.

620 — Eventail en ivoire, finement ciselé et ajouré, offrant au centre un médaillon représentant une scène galante. Fin Louis XVI.

621 — Trois éventails en corne et écaille sculptés et ajourés, rehaussés d'or et de peintures. Époque du Premier Empire.

622 — Eventail époque Louis XVI, feuille représentant une partie champêtre.

623 — Eventail monture en nacre ajouré et rehaussé d'or.

624 — Eventail monture en ivoire sculpté à petits personnages, feuille représentant « Rebecca à la fontaine ». Epoque Louis XV.

625 — Deux nécessaires anciens dans leurs gaines.

626 — Deux carafes anciennes en verre gravé et arêtes saillantes.

627 à 636 — Collection de vingt-quatre assiettes pâte tendre, fond bleu à rehauts d'or, ornées de perles d'émaux, réserve de fleurs, et offrant au centre des médaillons, portraits de rois et reines de France.

637 — Email de Limoges représentant « Le Triomphe de la Musique ».

638 — Email de Limoges représentant saint Jean.

639 — Email de Limoges à groupe de personnages.

640 — Email de Limoges représentant un guerrier romain.

641 — Deux petites peintures sur cuivre représentant des marines, signées PAGÈS.

642 à 651 — Collection d'objets de vitrine, flacons, étuis, nécessaires, en cristal, nacre et écaille, gravés et incrustés.

652 — Suite de petits fixés anciens.

653 — Deux bas-reliefs en ivoire, représentant Marie-Antoinette et la Princesse de Lamballe, dans un écrin ancien, en cuir, doré au petit fer.

654 — Petit cadre reliquaire en filigrane d'argent.

655 — Collection de treize petits objets, vitrine en argent à violon, pelles, agrafes, etc... (seront divisés).

656 à 658 — Collection de dix-sept boîtes à mouches et drageoirs en argent. Epoque Louis XV et Louis XVI (seront divisées).

659 à 668 — Collection de cinquante petits bronze : personnages, animaux, entrées de serrures, gardes de sabre et poignées en fer forgé (seront divisés).

669 Petit cheval en bronze de Barye.

670 — Quatre bonbonnières en écaille et vernis Martin.

671 — Cinq bonbonnières en porcelaine, décorée à scènes galantes et champêtres.

672 — Deux bonbonnières en émail à scènes galantes.

673 — Trois étuis en laque et vernis Martin.

674 -- Quatre étuis en émail et porcelaine à groupes de personnages et amours.

675 - Trois salières en émail.

676 --- Petit flacon en argent repoussé, orné de cabochons.

677 à 682 — Collection de groupes, statuettes en porcelaine de Saxe.

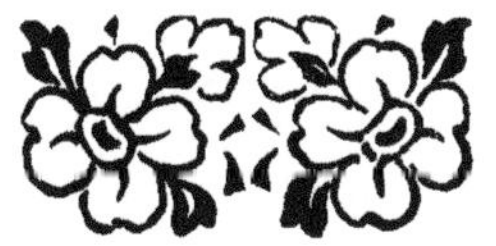

TABLEAUX

DESSINS, GRAVURES

BOUCHER (Ecole de)

683 — *La Leçon de Flûte.*

> Cadre Louis XVI, en bois doré et sculpté.

CAIN (Georges)

684 — *La Femme au Bouquet.*

LARGILLÈRE (attribué à)

685 — *Portrait de Jeune Homme* avec manteau de velours *rouge.*

> Cadre de l'époque, en bois sculpté et doré.

MARILHAT

686 — *Cavaliers près de Ruine.*

MOREELZE (Paulus)

687 — *La Bergère.*

NATTIER (Ecole de)

688 — *Portrait de Marie Leczinska* en costume de cour
doublé d'hermine.

Cadre ancien bois sculpté et doré

RIGAUD (attribué à)

689 — *Portrait d'un Gentilhomme* en costume de cour.
Portrait de Dame en corsage de dentelle décolleté
avec manteau de velours bleu et tenant une guirlande de fleurs.

Cadres anciens et sculptés, frontons à nœuds de rubans

RUBENS (Ecole de)

690 — *La Jeune Mère.*

STEEN (attribué à)

691 — *Scène de Cabaret.*

VAN LOO (attribué à)

692 — *Portrait de Dame* assise et tenant un petit chien.

Ecole Ancienne

693 — *Moïse tenant les Tables de la Loi.*

Ecole Ancienne

694 — *La Nativité*, encadrement de fleurs.

Ecole Espagnole

695 — *Suzanne au Bain.*

Ecole Flamande

696 — *Le Joueur de Violon.*

Ecole Française du xviie Siècle

697 — *Portrait d'un gentilhomme* en costume bleu et brodé, avec perruque à marteau.

Cadre de l'époque Louis XVI en bois sculpté peint en gris
à perles et rubans enroulés

Ecole Française du xviiie Siècle

698 — *Les Ouailles du Père Philippe.*

Ecole Française du xviiie Siècle

699 — *Paul et Virginie* (TRUMEAU).

ECOLE FRANÇAISE DU XVIIᵉ SIÈCLE

700 — *La Mort d'Adonis.*

ECOLE DU XVIIᵉ SIÈCLE

701 — *Bouquet de Fleurs.*

ECOLE FRANÇAISE DU XVIIIᵉ SIÈCLE

702 — *Le Concert champêtre* (dessus de porte).

ECOLE FRANÇAISE DE 1830

703 — *Scène de la Rue.*

ECOLE HOLLANDAISE

704 — *Portrait de Dame* tenant un petit chien.

ECOLE ITALIENNE

705 — *Vase, guirlande de fleurs, fruits et perroquet sur la terrasse d'un Palais.*

Cadre Louis XV en bois sculpté et doré

ECOLE ITALIENNE

706 — *La Vierge et Sainte Anne* (grand tableau).

Ecole Italienne

707 — *La Vierge aux Raisins.*

Cadre ancien, en bois sculpté et doré

Ecole Italienne

708 — *La vision de Saint Bruno.*

Ecole Italienne

709 — *L'Annonciation.*

Ecole Italienne

710 — *La Vierge et l'Enfant.*

Cadre ovale ancien, en bois sculpté

711 à 730 — Collection de tableaux modernes (seront divisés).

731 à 736 — Suite de sanguines anciennes à sujets mythologiques (seront divisées).

737 à 766 — Collection d'anciennes gravures (seront divisées).

Tapisseries,   Etoffes brodées

767 — Lot d'anciennes étoffes et fragments de tapisserie
verdure.

768 — Devant de cheminée en tapisserie d'Aubusson,
représentant une corbeille fleurie.

769 à 793 — Cinq gilets anciens en satin et brocart,
brodés et tissés d'or et de soie.

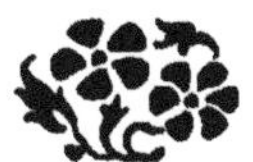

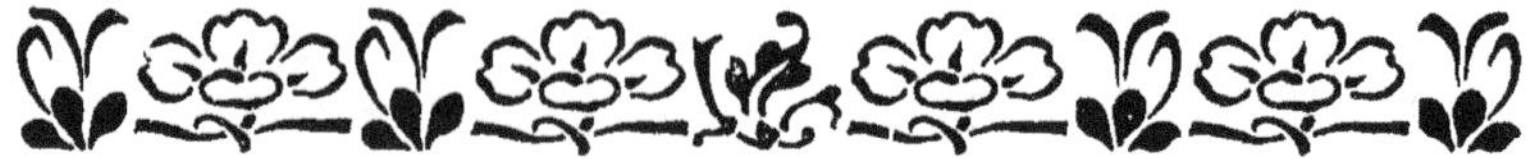

LIVRES

794 — Quatre volumes « Le Théâtre du Monde », par GUILLAUME et JEAN BLAEV, ornés de gravures et de riches enluminures, recouverts de parchemin doré au petit fer, ornés de cartes géographiques, blasons et costumes de tous les pays. (Dédiés à la Reine Henriette-Marie d'Angleterre.)

795 — Deux bibles anciennes.

796 — Quatre petits volumes anciens « Les Œuvres de Florian ».

797 — Petit volume ancien « Les Œuvres du Chevalier de Parny ».

798 — Objets omis.

Nantes. — imp. Mellinet, Place du Pilori, 5 — Biroche et Dautais, Succʳˢ.

www.ingramcontent.com/pod-product-compliance
Ingram Content Group UK Ltd.
Pitfield, Milton Keynes, MK11 3LW, UK
UKHW031804170726
13836UKWH00003B/1180